AF498305

GRAND TARIF

OV

EVALVATION DV PRIX

DV MARC DES ESCVS, PISTOLES d'Espagne, Escus & Pistoles d'Italie lege- res de diuerses fabriques.

Depuis le grain de chaque Espece iusques à cent Marcs consecutiuement, pour seruir aux Bureaux des Tre- soriers, Receueurs generaux, & autres Bureaux où il se reçoit ordinairement grande quantité d'or.

Suiuant la Declaration du Roy du 27. Septembre 1640. verifiée en la Cour des Monnoyes le 11. d'Octobre ensuiuant.

A PARIS;

Chez Sebastien Cramoisy, Imprimeur ordinaire du Roy, & en la Cour des Monnoyes, ruë sainct Iacques, aux Cicognes.

M. DC. XLII.

Auec Priuilege de sa Majesté.

G   Cin[illegible] Six Sep[illegible] Hu[illegible] Ne[illegible] Dix On[illegible] Dou[illegible] Tre[illegible] Qua[illegible] Qui[illegible] Seiz[illegible] Dix[illegible] Dix[illegible] Dix[illegible] Ving[illegible] Ving[illegible] Ving[illegible] Ving[illegible]

GRAND TARIF

Escus.

L E GRAIN,	1 ſ. 7 d.
Deux Grains,	3 ſ. 2 d.
Trois,	4 ſ. 10 d.
Quatre,	6 ſ. 5 d.
Cinq,	8 ſ. 1 d.
Six,	9 ſ. 8 d.
Sept,	11 ſ. 4 d.
Huit,	12 ſ. 11 d.
Neuf,	14 ſ. 7 d.
Dix,	16 ſ. 2 d.
Onze,	17 ſ. 9 d.
Douze,	19 ſ. 5 d.
Treize,	21 ſ.
Quatorze,	22 ſ. 7 d.
Quinze,	24 ſ. 3 d.
Seize,	25 ſ. 11 d.
Dix-ſept,	27 ſ. 6 d.
Dix-huit,	29 ſ. 2 d.
Dix-neuf,	30 ſ. 9 d.
Vingt,	32 ſ. 4 d.
Vingt-vn,	34 ſ.
Vingt-deux,	35 ſ. 7 d.
Vingt-trois,	37 ſ. 3 d.

ESCVS.

Le DENIER,	38 f. 9 d.
Le demy Gros,	2 l. 18 f. 2 d.
Le GROS, ———————	5 l. 16 f. 3 d.
Deux, ———————	11 l. 12 f. 6 d.
Trois,	17 l. 8 f. 9 d.
Quatre,	23 l. 5 f.
Cinq,	29 l. 1 f. 3 d.
Six,	34 l. 17 f. 6 d.
Sept,	40 l. 13 f. 9 d.
L'ONCE,	46 l. 10 f.
Deux,	93 l.
Trois,	139 l. 10 f.
Quatre,	186 l.
Cinq,	232 l. 10 f.
Six,	279 l.
Sept,	325 l. 10 f.
Le MARC,	372 l.
Deux,	744 l.
Trois,	1116 l.
Quatre, ———————	1488 l.
Cinq, ———————	1860 l.
Six,	2232 l.
Sept,	2604 l.
Huit,	2976 l.
Neuf,	3348 l.
Dix,	3720 l.
Onze,	4092 l.
Douze,	4464 l.
Treize,	4836 l.
Quatorze,	5208 l.
Quinze,	5580 l.
Seize,	5952 l.

Dix-sept,	6324 l.
Dix-huit,	6696 l.
Dix-neuf,	7068 l.
Vingt,	7440 l.
Vingt-vn,	7812 l.
Vingt-deux,	8184 l.
Vingt-trois,	8556 l.
Vingt-quatre,	8928 l.
Vingt-cinq,	9300 l.
Vingt-six,	9672 l.
Vingt-sept,	10044 l.
Vingt-huit,	10416 l.
Vingt-neuf,	10788 l.
Trente,	11160 l.
Trente-vn,	11532 l.
Trente-deux,	11904 l.
Trente-trois,	12276 l.
Trente-quatre,	12648 l.
Trente-cinq,	13020 l.
Trente-six,	13392 l.
Trente-sept,	13764 l.
Trente-huit,	14136 l.
Trente-neuf,	14508 l.
Quarante,	14880 l.
Quarante-vn,	15252 l.
Quarante-deux,	15624 l.
Quarante trois,	15996 l.
Quarante quatre,	16368 l.
Quarante cinq,	16740 l.
Quarante six,	17112 l.
Quarante sept,	17484 l.
Quarante huit,	17856 l.

Quarante neuf,	18228 l.
Cinquante,	18600 l.
Cinquante vn,	18972 l.
Cinquante deux,	19344 l.
Cinquante trois,	19716 l.
Cinquante quatre,	20088 l.
Cinquante cinq,	20460 l.
Cinquante six,	20832 l.
Cinquante sept,	21204 l.
Cinquante huit,	21576 l.
Cinquante neuf,	21948 l.
Soixante,	22320 l.
Soixante vn,	22692 l.
Soixante deux,	23064 l.
Soixante trois,	23436 l.
Soixante quatre,	23808 l.
Soixante cinq,	24180 l.
Soixante six,	24552 l.
Soixante sept,	24924 l.
Soixante huit,	25296 l.
Soixante neuf,	25668 l.
Soixante dix,	26040 l.
Soixante onze,	26412 l.
Soixante douze,	26784 l.
Soixante treize,	27156 l.
Soixante quatorze,	27528 l.
Soixante quinze,	27900 l.
Soixante seize,	28272 l.
Soixante dix sept,	28644 l.
Soixante dix huit,	29016 l.
Soixante dix neuf,	29388 l.
Quatre vingts,	29760 l.

Quatre vingts vn,	30132 l.
Quatre vingts deux,	30504 l.
Quatre vingts trois,	30876 l.
Quatre vingts quatre,	31248 l.
Quatre vingts cinq,	31620 l.
Quatre vingts six,	31992 l.
Quatre vingts sept,	32364 l.
Quatre vingts huit,	32736 l.
Quatre vingts neuf,	33108 l.
Quatre vingts dix,	33480 l.
Quatre vingts onze,	33852 l.
Quatre vingts douze,	34224 l.
Quatre vingts treize,	34596 l.
Quatre vingts quatorze,	34968 l.
Quatre vingts quinze,	35340 l.
Quatre vingts seize,	35712 l.
Quatre vingts dix sept,	36084 l.
Quatre vingts dix huit,	36456 l.
Quatre vingts dix neuf,	36828 l.
Cent,	37200 l.
Deux cens,	74400 l.
Trois cens,	111600 l.
Quatre cens,	148800 l.
Cinq cens,	186000 l.
Mil,	372000 l.

Pistoles d'Espagne.

LE GRAIN,	1 s. 6 d. ¹⁄₂
Deux Grains,	3 s. 1 d.
Trois,	4 s. 7 d.
Quatre,	6 s. 2 d.

Cinq,	7 ſ. 9 d.
Six,	9 ſ. 3 d.
Sept,	10 ſ. 10 d.
Huit,	12 ſ. 4 d.
Neuf,	13 ſ. 11 d.
Dix,	15 ſ. 6 d.
Onze,	17 ſ.
Douze,	18 ſ. 7 d.
Treize,	20 ſ. 2 d.
Quatorze,	21 ſ. 8 d.
Quinze,	23 ſ. 3 d.
Seize,	24 ſ. 9 d.
Dix ſept,	26 ſ. 4 d.
Dix huit,	27 ſ. 11 d.
Dix neuf,	29 ſ. 5 d.
Vingt,	31 ſ.
Vingt vn,	32 ſ. 7 d.
Vingt deux,	34 ſ. 1 d.
Vingt trois,	35 ſ. 8 d.
Le DENIER,	37 ſ. 2 d.
Le demy Gros,	2 l. 15 ſ. 10 d.
Le GROS,	5 l. 11 ſ. 8 d.
Deux,	11 l. 3 ſ. 5 d.
Trois,	16 l. 15 ſ. 1 d.
Quatre,	22 l. 6 ſ. 10 d.
Cinq,	27 l. 18 ſ. 7 d.
Six,	33 l. 10 ſ. 3 d.
Sept,	39 l. 2 ſ. 2 d.
L'ONCE,	44 l. 13 ſ. 9 d.
Deux,	89 l. 7 ſ. 6 d.
Trois,	134 l. 1 ſ. 3 d.
Quatre,	178 l. 15 ſ.

Cinq,

Cinq,	223 l. 8 f. 9 d.
Six,	268 l. 2 f. 6 d,
Sept,	312 l. 16 f. 3 d.
Lɪ MARC,	357 l. 10 f.
Deux Marcs,	715 l.
Trois,	1072 l. 10 f.
Quatre,	1430 l.
Cinq,	1787 l. 10 f.
Six,	2145 l.
Sept,	2502 l. 10 f.
Huit,	2860 l.
Neuf,	3217 l. 10 f.
Dix,	3575 l.
Onze,	3932 l. 10 f.
Douze,	4290 l.
Treize,	4647 l. 10 f.
Quatorze,	5005 l.
Quinze,	5362 l. 10 f.
Seize,	5720 l.
Dix sept,	6077 l. 10 f.
Dix huit,	6435 l.
Dix neuf,	6792 l. 10 f.
Vingt,	7150 l.
Vingt vn,	7507 l. 10 f.
Vingt deux,	7865 l.
Vingt trois,	8222 l. 10 f.
Vingt quatre,	8580 l.
Vingt cinq,	8937 l. 10 f.
Vingt six,	9295 l.
Vingt sept,	9652 l. 10 f.
Vingt huit,	10010 l.
Vingt neuf,	10367 l. 10 f.

Trente,	10725 l.
Trente vn,	11082 l. 10 s.
Trente deux,	11440 l.
Trente trois,	11797 l. 10 s.
Trente quatre,	12155 l.
Trente cinq,	12512 l. 10 s.
Trente six,	12870. l.
Trente sept,	13227 l. 10 s.
Trente huit,	13585 l.
Trente neuf,	13942 l. 10 s.
Quarante,	14300 l.
Quarante vn,	14657 l. 10 s.
Quarante deux,	15015 l.
Quarante trois,	15372 l. 10 s.
Quarante quatre,	15730 l.
Quarante cinq,	16087 l. 10 s.
Quarante six,	16445 l.
Quarante sept,	16802 l. 10 s.
Quarante huit,	17160 l.
Quarante neuf,	17517 l. 10 s.
Cinquante,	17875 l.
Cinquante vn,	18232 l. 10 s.
Cinquante deux,	18590 l.
Cinquante trois,	18947 l. 10 s.
Cinquante quatre,	19305 l.
Cinquante cinq,	19662 l. 10 s.
Cinquante six,	20020 l.
Cinquante sept,	220377 10 s.
Cinquante huit,	20735 l.
Cinquante neuf,	21092 l. 10 s.
Soixante,	21450 l.
Soixante vn,	21807 l. 10 s.

Soixante deux,	22165 l.
Soixante trois,	22522 l. 10 f.
Soixante quatre,	22880 l.
Soixante cinq,	23237 l. 10 f.
Soixante six,	23595 l.
Soixante sept,	23952 l. 10 f.
Soixante huit,	24310 l.
Soixante neuf,	24667 l. 10 f.
Soixante dix,	25025 l.
Soixante onze,	25382 l. 10 f.
Soixante douze,	25740 l.
Soixante treize,	26097 l. 10 f.
Soixante quatorze,	26455 l.
Soixante quinze,	26812 l. 10 f.
Soixante seize,	27170 l.
Soixante dix sept,	27527 l. 10 f.
Soixante dix huict,	27885 l.
Soixante dix neuf,	28242 l. 10 f.
Quatre vingts,	28600 l.
Quatre vingts vn,	28957 l. 10 f.
Quatre vingts deux,	29315 l.
Quatre vingts trois,	29672 l. 10 f.
Quatre vingts quatre,	30030 l.
Quatre vingts cinq,	30387 l. 10 f.
Quatre vingts six,	30745 l.
Quatre vingts sept,	31102 l. 10 f.
Quatre vingts huit,	31460 l.
Quatre vingts neuf,	31817 l. 10 f.
Quatre vingts dix,	32175 l.
Quatre vingts onze,	32532 l. 10 f.
Quatre vingts douze,	32890 l.
Quatre vingts treize,	33247 l. 10 f.

Quatre vingts quatorze,	33605 l.
Quatre vingts quinze ,	33962 l. 10 f.
Quatre vingts seize,	34320 l.
Quatre vingts dix sept,	34677 l. 10 f.
Quatre vingts dix huit,	35035 l.
Quatre vingts dix neuf,	35392 l. 10 f.
Cent,	35750 l.
Deux cens,	71500 l.
Trois cens,	107250 l.
Quatre cens,	143000 l.
Cinq cens,	178750 l.
Mil,	357500 l.

Escus & Pistoles d'Italie.

LE GRAIN,	1 f. 6 d
Deux,	3 f.
Trois,	4 f. 6 d.
Quatre,	6 f.
Cinq,	7 f. 6 d.
Six,	9 f.
Sept,	10 f. 7 d.
Huit,	12 f. 1 d.
Neuf,	13 f. 7 d.
Dix,	15 f. 1 d.
Onze,	16 f. 7 d.
Douze,	18 f. 1 d.
Treize,	19 f. 8 d.
Quatorze,	21 f. 2 d.
Quinze,	22 f. 8 d.
Seze,	24 f. 2 d.
Dix sept,	25 f. 8 d.

Dix-huit,	27 f. 2 d.
Dix neuf,	28 f. 8 d.
Vingt,	30 f. 3 d.
Vingt vn,	31 f. 9 d.
Vingt deux,	33 f. 3 d.
Vingt trois,	34 f. 9 d.
Le DENIER,	36 f. 3 d.
Le demy Gros,	2 l. 14 f. 5 d.
Le GROS, ———	5 l. 8 f. 11 d.
Deux, ———————	10 l. 17 f. 10 d.
Trois, ———————	16 l. 6 f. 9 d.
Quatre, —————	21 l. 15 f. 9 d.
Cinq, —————	27 l. 4 f. 8 d.
Six, —————	32 l. 13 f. 7 d.
Sept, —————	38 l. 2 f. 6 d.
L'ONCE, ———	43 l. 11 f. 6 d.
Deux, ———	87 l. 3 f.
Trois, ———	130 l. 14 f. 6 d.
Quatre, ———	174 l. 6 f.
Cinq, ———	217 l. 17 f. 6 d.
Six,	261 l. 9 f.
Sept,	305 l. 6 d.
LE MARC,	348 l. 12 f.
Deux,	697 l. 4 f.
Trois,	1045 l. 16 f.
Quatre,	1394 l. 8 f.
Cinq,	1743 l.
Six,	2091 l. 12 f.
Sept,	2440 l. 4 f.
Huit,	2788 l. 16 f.
Neuf,	3137 l. 8 f.
Dix,	3486 l.

Onze,	3854 l. 12 f.
Douze,	4183 l. 4 f.
Treize,	4531 l. 16 f.
Quatorze,	4880 l. 8 f.
Quinze,	5229 l.
Seize,	5577 l. 12 f.
Dix sept,	5926 l. 4 f.
Dix huit,	6274 l. 16 f.
Dix neuf,	6623 l. 8. f.
Vingt,	6972 l.
Vingt vn,	7320 l. 12 f.
Vingt deux,	7669 l. 4 f.
Vingt trois,	8017 l. 16 f.
Vingt quatre,	8366 l. 8 f.
Vingt cinq,	8715 l.
Vingt six,	9063 l. 12 f.
Vingt sept,	9412 l. 4 f.
Vingt huit,	9760 l. 16 f.
Vingt neuf,	10109 l. 8 f.
Trente,	10458 l.
Trente vn,	10806 l. 12 f.
Trente deux,	11155 l. 4 f.
Trente trois,	11503 l. 16 f.
Trente quatre,	11852 l. 8 f.
Trente cinq,	12201 l.
Trente six,	12549 l. 12 f.
Trente sept,	12898 l. 4 f.
Trente huit,	13246 l. 16 f.
Trente neuf,	13595 l. 8 f.
Quarante,	13944 l.
Quarante vn,	14292 l. 12 f.
Quarante deux,	14641 l. 4 f.

Quarante trois,	14989 l. 16 ſ.
Quarante quatre,	15338 l. 8 ſ.
Quarante cinq,	15687 l.
Quarante ſix,	16035 l. 12 ſ.
Quarante ſept,	16384 l. 4 ſ.
Quarante huit,	16732 l. 16 ſ.
Quarante neuf,	17081 l. 8 ſ.
Cinquante,	17430 l.
Cinquante vn,	17778 l. 12 ſ.
Cinquante deux,	18127 l. 4 ſ.
Cinquante trois,	18475 l. 16 ſ.
Cinquante quatre,	18824 l. 8 ſ.
Cinquante cinq,	19173 l.
Cinquante ſix,	19521 l. 12 ſ.
Cinquante ſept,	19870 l. 4 ſ.
Cinquante huit,	20218 l. 16 ſ.
Cinquante neuf,	20567 l. 8 ſ.
Soixante,	20916 l.
Soixante vn,	21264 l. 12 ſ.
Soixante deux,	21613 l. 4 ſ.
Soixante trois,	21961 l. 16 ſ.
Soixante quatre,	22310 l. 8 ſ.
Soixante cinq,	22659 l.
Soixante ſix,	23007 l. 12 ſ.
Soixante ſept,	23356 l. 4 ſ.
Soixante huit,	23704 l. 16 ſ.
Soixante neuf,	24053 l. 8 ſ.
Soixante dix,	24402 l.
Soixante onze,	24750 l. 12.
Soixante douze,	25099 l. 4.
Soixante treize,	25447 l. 16. ſ
Soixante quatorze,	25796 l. 8.

Soixante quinze,	26145 l.
Soixante seize,	26493 l. 12 f.
Soixante dix sept,	26842 l. 4 f.
Soixante dix huit,	27190 l. 16 f.
Soixante dix neuf,	27539 l. 8 f.
Quatre vingts,	27888 l.
Quatre vingts vn,	28236 l. 12 f.
Quatre vingts deux,	28585 l. 4 f.
Quatre vingts trois,	28933 l. 16 f.
Quatre vingts quatre,	29282 l. 8 f.
Quatre vingts cinq,	29631 l.
Quatre vingts six,	29979 l. 12 f.
Quatre vingts sept,	30328 l. 4 f.
Quatre vingts huit,	30676 l. 16 f.
Quatre vingts neuf,	31025 l. 8 f.
Quatre vingts dix,	31374 l.
Quatre vingts onze,	31722 l. 12 f.
Quatre vingts douze,	32071 l. 4 f.
Quatre vingts treize,	32419 l. 16 f.
Quatre vingts quatorze,	32768 l. 8 f.
Quatre vingts quinze,	33117 l.
Quatre vingts seize,	33465 l. 12 f.
Quatre vingts dix sept,	33814 l. 4 f.
Quatre vingts dix huit,	34162 l. 16 f.
Quatre vingts dix neuf,	34511 l. 8 f.
Cent,	34860 l.
Deux cens,	69720 l.
Trois cens,	104580 l.
Quatre cens,	139440 l.
Cinq cens,	174300 l.
Mil,	348600 l.